28148406R10057

Made in the USA
Middletown, DE
19 December 2018